W9-BVJ-817

TWENTY-FOUR ITALIAN SONGS AND ARIAS

of the

Seventeenth and Eighteenth Centuries

FOR MEDIUM HIGH VOICE
→ Library Vol. 1722

FOR MEDIUM LOW VOICE
Library Vol. 1723

G. SCHIRMER, *Inc.*

DISTRIBUTED BY
HAL•LEONARD® CORPORATION
7777 W. BLUEMOUND RD. P.O. BOX 13819 MILWAUKEE, WI 53213

Copyright, 1894, by G. Schirmer, Inc.
Copyright Renewal Assigned, 1926, to G. Schirmer, Inc.
Copyright, 1948, by G. Schirmer, Inc.
International Copyright Secured

CONTENTS

		Page
BONONCINI	Per la gloria d'adorarvi	3
CACCINI	Amarilli, mia bella	8
CALDARA	Alma del core	11
	Comme raggio di sol	16
	Sebben, crudele	19
CARISSIMI	Vittoria, mio core!	23
DE LUCA	Non posso disperar	60
DURANTE	Danza, danza, fanciulla gentile	28
	Vergin, tutto amor	32
GIORDANI	Caro mio ben	35
GLUCK	O del mio dolce ardor	38
LEGRENZI	Che fiero costume	44
LOTTI	Pur dicesti, o bocca bella	49
MARCELLO	Il mio bel foco	54
MONTEVERDI	Lasciatemi morire!	65
PAISIELLO	Nel cor più non mi sento	66
PERGOLESI	Se tu m'ami, se sospiri	68
	Nina (*attributed to Pergolesi*)	72
SCARLATTI, A.	Già il sole dal Gange	74
	Le Violette	79
	O cessate di piagarmi	84
	Se Florindo è fedele	86
STRADELLA	Pietà, Signore!	92
TORELLI	Tu lo sai	98

Per la gloria d'adorarvi

For the love my heart doth prize

from the opera "Griselda"

English version by
Dr. Theodore Baker

Giovanni Battista Bononcini
(1672-1750)

Copyright, 1894, by G. Schirmer, Inc.
Copyright renewed, 1922, by Theodore Baker
Printed in the U. S. A.

glo - ria d'a - do - rar - vi vo-glio a - - mar - vi, o lu -
love — my heart — doth prize, O charm - ful eyes, I — would

pp dolce

tr *mf* *f*

ci ca - re. A - man-do pe - ne - rò, — ma sem - pre v'a - me-
a - dore ye. For — me, my love is pain, — I know 'tis all in

mf *f*

rò, — sì, sì, — nel mio — pe - na - re:
vain, — vain, vain, — Yet kneel — be-fore ye:

mf *f*

A - man-do pe - ne - rò, — ma sem - pre v'a - me - rò, — sì,
For — me, my love is pain, — I — know 'tis all in vain, — vain,

mf *f*

f

sì, nel mio pe-na - re, pe - ne - rò, v'a - me - rò,
vain, yet kneel be-fore ye. Love is pain, all in vain

f

tr *p* *tr*

lu - ci ca - re, pe - ne - rò, v'a - me - rò, lu - ci ca - -
I im-plore ye, love is pain, all in vain I im-plore

p

re.
ye.

tr

ff deciso

f

Sen - za spe - me di di -
Hope - less 'tis to look for

tr

f

tr *pp*

let - to va - no af - fet - to è so - spi - ra - re, sen - za
kind - ness, Fool - ish fond-ness with sighs t'im-plore ye, Hope - less

pp

spe - me di di - let - to va - no af - fet - to è so -
'tis to look for kind - ness, Fool - - ish fond-ness with sighs

pp dolce *p*

mf *f*

spi - ra - re, ma i vo - stri dol - ci ra - i chi va-gheggiar può
t'im-plore ye; But who-e'er might woo your gaze, Bask in your sun - ny

mf *f*

mai e non, e non va - ma - re?
rays, and not, and not a - dore ye?

mf *f*

ma i vo-stri dol-ci ra-i chi va-gheggiar può mai e
But who-e'er might woo your gaże, Bask in your sun-ny rays, and

mf *f*

non, e non va-ma - re? pe-ne-rò, va-me-rò, lu-ci ca -
not, and not a-dore ye? Love is pain, all in vain I im-plore

f *tr* *f*

re, pe-ne-rò, va-me-rò, lu-ci ca - re!
ye, love is pain, all in vain I im-plore ye.

p *tr* *p* *ff deciso*

tr *tr* *ff rall.*

Amarilli, mia bella

Amarilli, my fair one

Madrigal

English version by
Dr. Theodore Baker

Giulio Caccini
(1546-1618)

Moderato affettuoso

Voice

Piano

p

A - ma - ril - li, mia bel - la, non cre - di, o del mio
A - ma - ril - li, my fair one, Canst thou thine heart to

p dolcissimo e legato sempre

più f

cor dol - - ce de - sì - o, d'es - - ser tu
doubt e'er sur - ren - der, Doubt of my love,

più f

mf

l'a-mor mi - o? Cre - di - lo pur: e se ti -
true and ten - der? Do but be - lieve, for should e'er

mf

Copyright, 1894, by G. Schirmer, Inc.
Copyright renewed, 1922, by Theodore Baker

mor t'as - sa - le, du - bi - tar non ti va - le.
fear as - sail thee, It can nev - er a - vail thee.

dolce

f A - pri-mi il pet - to e ve-drai scrit-to in co - re: A-ma-
Ope thou my bo - som, and see thy fears re-prov - ed; On my

f *p* *smorz.* *dolce*

ril - - li, A-ma - ril - - li, A-ma-
heart 'tis writ, On my heart 'tis writ: "A-ma-

pp *cresc.* *più cresc.*

f ril - li è il mio a - mo - - re. Cre - di-lo pur: e se ti-
ril - li, my be - lov - - ed!" Do but be-lieve, for should e'er

poco rit. *a tempo* *mf*

f *poco rit.* *p dolce* *a tempo*

mor t'as-sa - le, du - bi-tar non ti va - le. A - pri-mi il
fear as-sail thee, It can nev-er a - vail thee. Ope thou my

f *dolce* *f*

p smorz. *pp*

pet - to e ve-drai scrit-to in co - re: A-ma-ril - - li, A-ma-
bo - som, and see thy fears re-prov - ed; On my heart 'tis_ writ, On my

p *pp* *dolciss.* *cresc.*

cresc. *più cresc.* *rit.* *ppp*

ril - - li, A-ma-ril - li è il mio a - mo - - re; A-ma-
heart 'tis_ writ: "A-ma-ril - li, my be-lov - - ed; A-ma-

f *rit.* *ppp dolciss.*

rit.

ril - - li è il mio a - mo - - - - re.
ril - - li, my be-lov - - - - ed!"

assai legato *colla voce*

Alma del core

Fairest adored

English version by
Everett Helm

Antonio Caldara
(1670-1736)

Copyright, 1948, by G. Schirmer, Inc.
International Copyright Secured

p

spir - to_ dell' al - ma! Al - ma del co - re,
Spir - it_ of_ beau - ty! Fair - est a - dor - ed,

p

mf

spir - to_ dell' al - ma, sem - pre co - stan - te_____ t'a - do - re -
Spir - it_ of_ beau - ty! Thy faith - ful lov - er_____ I'll_ ev - er

mf

f *mp*

rò, t'a - do - re - rò, t'a - - do - re - rò,
be, I'll ev - er_ be, I'll_____ ev - er be,

f *mp*

pp *tr*

t'a - do - re - rò, t'a - - do - re - rò!
I'll ev - er_ be, I'll_____ ev - er be.

pp *mf*

mf

Al - ma del co - - re, spir - to dell' al - ma, sem - pre co -
Fair - est a - dor - - ed, Spir - it of beau - ty! Thy faith - ful

f *p*

stan - te t'a - do - re - rò, sem - pre co - stan - te
lov - er I'll ev - er be, Thy faith - ful lov - er

f *p*

t'a - do - re - rò!
I'll ev - er be.

f *rit.* *ff*

a tempo *p* *mf*

Sa - rò con - ten - to nel mio tor - men - to, se quel bel lab - bro
This boon I ask thee That thou wilt grant me Thy lips a - dor - ed

a tempo *p* *mf*

pp *p*

ba - ciar po - trò, se quel bel lab - bro, se quel bel lab - bro
once more to kiss, thy lips a - dor - ed, thy lips a - dor - ed

pp

tr *mf*

ba - ciar po - trò. Al - ma del co - re,
once more to kiss. Fair - est a - dor - ed,

mf

spir - to dell' al - ma, sem - pre co - stan - te t'a - do - re - rò,
Spir - it of beau - ty! Thy faith - ful lov - er I'll ev - er be,

tr *f*

f

mp *pp*

t'a - do - re - rò, t'a - do - re - rò, t'a - do - re -
I'll ev - er be, I'll ev - er be, I'll ev - er

mp *pp*

tr
mf
rò, t'a - - do - re - rò! Al - ma del co - - re,
be, I'll ev - er be. Fair - est a - dor - - ed,
mf
spir - to dell' al - ma, sem - pre co - stan - te t'a - do - re - rò,
Spir - it of beau - ty, Thy faith - ful lov - er I'll ev - er be,
f
f
p
tr
sem - pre co - stan - te t'a - do - re - rò.
Thy faith - ful lov - er I'll ev - er be.
p
f
poco rit.
ff

Come raggio di sol

As on the swelling wave

Aria

English version by
Dr. Theodore Baker

Antonio Caldara
(1670-1736)

Copyright, 1894, by G. Schirmer, Inc.
Copyright renewal assigned, 1926, to G. Schirmer, Inc.

affrett.

pla - ci - di flut - ti si ri - po - sa, men - tre del
sun - beams at play are gai-ly rid - ing, While in the

affrett.

poco a poco *pp*

ma - re, men - - tre del ma - re nel pro - fon - do
bo - som, while in the bo - som of th'un - fath - om'd

poco a poco

p

se - no sta la tem - pe - - - -
o - cean There lies a tem - - - -

p *cresc. e string.*

f rit. *rall.* *a tempo* *p*

sta a - sco - - sa: co - sì
pest in hid - - ing: So are

col canto *p a tempo*

tranquillo

ri - so ta - lor ga-io e pa - ca - to di con - ten - to, di
man - y that wear a mien con - tent - ed, Man-y a vis - age where-

pp

stent.

gio-ia un lab-bro in - fio - ra, men - tre nel suo se - gre - to il cor pia-
on a smile e'er hov - ers, While, deep with-in, the bo - som a heart tor-

stent.

f dim. e rit. *rall.*

ga - - to s'an-go-scia e si mar - to - -
ment - - ed In se - cret an-guish cov - -

cresc. e string. *f dim. e rit.* *rall.*

pp

ra.
ers.

a tempo

pp *dim. assai* *ppp*

Sebben, crudele
Tho' not deserving
Canzonetta

English version by
Dr. Theodore Baker

Antonio Caldara
(1670-1736)

Copyright, 1894, by G. Schirmer, Inc.
Copyright renewal assigned, 1926, to G. Schirmer, Inc.

cresc. *f* *rit. assai*

mi fai lan - guir, sem - pre fe - de - le ti vo - glio a -
Thy cru - el scorn, Ev - er un - swerv - ing Thee on - ly I

cresc. *f* *dim.* *rit. assai*

a tempo *mf* *cresc.*

mar. Seb - ben, cru - de - le, mi fai lan - guir,
love. Tho' not de - serv - ing Thy cru - el scorn,

a tempo *mf* *cresc.*

f *rit. assai* *a tempo* *p*

sem - pre fe - de - le ti vo - glio a - mar. Con la lun -
Ev - er un - swerv - ing Thee on - ly I love. When to thee

f *dim.* *rit. assai* *a tempo* *p*

f

ghez - za del mio ser - vir la tua fie - rez - za,
kneel - ing All I have borne, Thy pride un - feel - ing,

f

la tua fie - rez - za sa - prò stan - car, la tua fie -
Thy pride un - feel, - ing I_ then shall move, Thy pride un -

rez - za sa - prò stan - car.
feel - ing I_ then shall move.

rit. *a tempo* *rit.* *a tempo* *f* *p smorz.*

p

Seb - ben, cru - de - le, mi fai_ lan - guir,_
Tho' not de - serv - ing Thy cru - el scorn,_

p

cresc. *più cresc.* *rit.*

sem - pre fe - de - le, sem - pre fe - de - le ti vo - glio a -
Ev - er un - swerv - ing, ev - er un - swerv - ing Thee on - ly I_

cresc. *più cresc.* *rit.*

a tempo *mf*

mar. Seb - ben, cru -
love. Tho' not de -

f deciso *p* *a tempo* *mf*

de le, mi fai lan - guir, sem - pre fe - de - le ti
serv - ing Thy cru - el scorn, Ev - er un - swerv - ing Thee

cresc. *f* *cresc.* *f* *dim.*

rit. assai *a tempo* *mf* *cresc.*

vo - glio a - mar, seb - ben, cru - de - le, mi fai lan -
on - ly I love; Tho' not de - serv - ing Thy cru - el

rit. assai *a tempo* *mf* *cresc.*

f *rit. assai*

guir, sem - pre fe - de - le ti vo - glio a - mar.
scorn, Ev - er un - swerv - ing Thee on - ly I love.

f *dim.* *rit. assai* *pp*

Ped.

Vittoria, mio core!

Victorious my heart is!

Cantata

English version by
H. Millard

Giacomo Carissimi
(1605-1674)

Allegro con brio

Voice

Piano

Vit - to - ria! Vit - to - ria! Vit - to - ria! Vit - to - ria, mio co - - re! Non la - gri - mar più, Non la - gri - mar più, È sciol - ta d'A - mo - re La vil ser - vi - tù; Vit - to - ria! Vit - to - ria, mio co - - re! Non la - gri - mar più, È

Vic - to - rious, Vic - to - rious, Vic - to - rious, Vic - to - rious my heart_ is! And tears are in vain, And tears are in vain, For love now has bro - ken its shack - les in twain; Vic - to - rious, Vic - to - rious my heart_ is! And tears are in vain, For

Copyright, 1880, by G. Schirmer, Inc.

p *cresc.*

sciol - ta d'A - mo - re La vil ser - vi - tù, È sciol - - -

love now has bro - ken its shack-les in twain, For love

p *cresc.*

- - - - ta d'A - mo - re La ser - vi - tù.

now has bro - ken its shack-les in twain.

f *sf* *sf* *sf* *sf*

meno mosso e dolce assai

p

Già l'em-pia a' tuoi dan - ni, Fra stuo - lo di sguar - di, Con vez - zi bu -

The false one is van-quish'd, her glanc-es a - muse me, De - cep-tion no

p meno mosso e dolce assai

cresc.

giar - di Di - spo - se gl'in - gan - - ni; Le fro - de, gli af - fan - ni Non

long - er with arts can con - fuse me! No false - hood or sor - row op -

cresc.

han - no più lo - - co, Del cru - do suo fo - co È spen - to_ l'ar -
press me with rig - - or, The flame, once so cru - el, has spent all_ its_

Tempo I°

f

do - - re! Vit - to - ria! Vit - to - ria! Vit - to - ria! Vit - to - ria, mio
vig - - or! Vic - to-rious! Vic - to-rious! Vic - to-rious! Vic - to-rious my

f

p *f*

co - - re! Non la - gri-mar più, Non la - gri-mar più, È
heart is! And tears are in vain, And tears are in vain, For

p

p *cresc.*

sciol - ta d'A - mo - re La vil ser - vi - tù, È sciol - - -
love now has bro - ken its shack - les in twain, For love

sf *p* *cresc.*

f

- - - - ta d'A - mo - re La ser - vi - tù!
now has bro - ken its shack - les in twain!

sf *sf* *sf* *sf* *sf*

meno mosso e dolce assai

p

Da lu - ci ri - den - ti Non e - sce più stra - le, Che
Her smile once en - tranc - ing no darts is re - veal - ing, The

p meno mosso e dolce assai

cresc.

pia - ga mor - ta - le Nel pet - to m'av - ven - - ti: Nel duol, ne' tor -
wounds in my bo - som with time are all heal - - ing; All sor - row and

cresc.

men - ti lo più non mi sfac - - cio È rot - to o - gni lac - cio, Spa -
tor - ment no long - er I'm fear - - ing, Now bro - ken each tie is, all

Tempo I°

f

ri - to il ti - mo - - re! Vit - to - ria! Vit - to - ria! Vit - to - ria! Vit -
fears dis - ap - pear - - ing! Vic - to - rious, Vic - to - rious, Vic - to - rious, Vic -

f *f*

p

to - ria, mio co - - re! Non la - gri - mar più, Non la - gri - mar
to - rious my heart is! And tears are in vain, And tears are in

p

f *p*

più, È sciol - ta d'A - mo - re La vil ser - vi - tù, È sciol - -
vain, For love now has bro - ken its shack - les in twain, For love

sf *p*

cresc. *f* *largamente stent.*

- - - - ta d'A - mo - re La ser - vi - tù!
now has bro - ken its shack - les in twain!

cresc. *sf* *sf* *sf col canto* *sf* *sf*

Danza, danza, fanciulla gentile

Dance, O dance, maiden gay

Arietta

English version by
Dr. Theodore Baker

Francesco Durante
(1684-1755)

Allegro con spirito

Voice

Piano

mf

f

Dan - za,_ dan - za, fan - ciul - la,_ al_ mi - o can - tar; dan - za,_
Dance, O_ dance, maid - en gay, to_ the_ song that I sing; dance, O_

p

dan - za,_ fan - ciul - la_ gen - ti - le, al mi - o can - tar.
dance, maid-en_ gay, to_ the_ song, to the song that I sing.

Copyright, 1894, by G. Schirmer, Inc.
Copyright renewed, 1922, by Theodore Baker

f
Gi - ra leg - ge - ra, sot - ti - -
Light-ly and air - i - ly fly
f
le al suo - - no, al
While bound - - ing, re - - sound - -
suo - no del - l'on - de del mar.
ing, the bil - lows out - ring!
p
Sen-ti il
Dost thou
p
va - go ru - mo - re del - l'au - ra scher - zo - sa che par - la al
hear the low voic - es of breez - es soft blend-ing Ap - peal to thy

cresc.

co - re con lan - gui - do suon, con lan - -
heart with their blan - dish - ing tone, their blan - -

cresc.

f rit. *a tempo* *f*

- - gui - do suon, e che in -
- - dish - ing tone? They in -

rit. *f* *a tempo*

p

vi - ta a dan - zar sen - - za po - -
vite to a dance nev - - er end - -

p

f *pp*

sa, sen - - za po - sa, che in - vi - ta a dan -
ing, And whis - - per, "Dance on! dance

f *pp*

zar. Dan - za, dan - za, fan - ciul - la gen - ti - le, fan -
on!" Dance, O dance, maid - en gay, To the song that I

p

cresc.

ciul - la gen - ti - le, al mi - o can - ta - re, al
sing, Dance, O dance, maid - en gay, to the song, to the

f rall.

tr

mi - o can - tar, dan - za, dan - za, al mi - o can -
song that I sing, Dance, O dance to the song that I

f rall.

tar.
sing!

f a tempo

ff

Vergin, tutto amor

Virgin, fount of love

Preghiera

Prayer

English version by
Dr. Theodore Baker

Francesco Durante
(1684-1755)

Largo religioso

Piano

ff

Voice

pp

Ver - gin, tut - to a -
Vir - gin, fount of

rit.

a tempo

pp

mor, o ma - dre di bon - ta - de, o ma - dre pi - a, ma - dre
love, Dear Moth - er, thou of mer - cy, whose heart was riv - en, whose heart was

simile

dolce

pi - a, a - scol - ta, dol - ce Ma - ri - a, la vo - ce del pec - ca -
riv - en, O heark - en, Queen of Heav - en, Heark - en to a sin - ner's

Copyright, 1894, by G. Schirmer, Inc.
Copyright renewed, 1922, by Theodore Baker

tor, del pec - ca - tor.
cry, to a sin - ner's cry.

mf

Il pian - to suo ti muo - va, giun-ga-no a te i suoi la -
Let kind com-pas - sion move thee, In mer - cy hear her sad la -

men - ti, suo duol, suoi tri-sti ac - cen - ti, sen-ti pie - to - so quel tuo
ment - ing, Her mourn - ful moan as - cend - ing Un-to thy throne of grace on

cresc. assai

cor, pie - to - so, pie - to - so, pie - to - so quel tuo
high, thy throne of grace on high, un - to thy

cresc. assai

tr *p*

cor, quel tuo cor. O ma - dre di bon-
throne on high. O Moth - er, thou of

p

ta - de, Ver - gin, tut - to a - mor, o ma - dre di bon-
mer - cy, Vir - gin, fount of love, O Moth - er, thou of

cresc.

ta - de, o Ver - gin, tut - to a - mo - re, Ver - gin, tut - to a - mor,
mer - cy, O Vir - gin, fount of love, O Vir - gin, fount of love,

cresc.

f *tr*

a - mor.
of love.

ff *poco rit.*

Caro mio ben

Thou, all my bliss

Arietta

English version by
Dr. Theodore Baker

Giuseppe Giordani (Giordanello)
(1744 - 1798)

Larghetto

Voice

Piano

dolce *largamente*

p

Ca - ro mio ben, cre - di - mi al - men, sen - za di te lan - gui - sce il
Thou, all my bliss, Be - lieve but this: When thou art far My heart is

p dolce

cor, ca - ro mio ben, sen - za di te lan - gui - sce il
lorn. Thou, all my bliss, When thou art far My heart is

f *p*

Copyright, 1894, by G. Schirmer, Inc.
Copyright renewed, 1922, by Theodore Baker

p
cor. Il tuo fe - del so - spi-ra o -
lorn. Thy lov-er true Ev - er doth
f
f
p
f
gnor. Ces - sa, cru - del, tan - to ri - gor! Ces - sa, cru-
sigh; Do but for - go Such cru - el scorn! Do but for-
f
f rit.
ppp a tempo
del, tan - to ri - gor, tan - to ri - gor! Ca - ro mio
go Such cru-el scorn, such cru-el scorn! Thou, all my
a tempo
f rit.
ppp

mf

ben, cre - di - mi al - men, sen - za di te lan - gui - sce il
bliss, Be - lieve but this: When thou art far My heart is

mf

p *cresc.* *più cresc.*

cor, ca - ro mio ben, cre - di - mi al - men, sen - za di
lorn, Thou, all my bliss, Be - lieve but this, When thou art

p *cresc.* *più cresc.*

f *p*

te lan - gui - sce il cor.
far My heart is lorn.

colla voce p *f* *rit.* *ff*

O del mio dolce ardor

O thou belov'd

Aria

English version by
Dr. Theodore Baker

Christoph Willibald von Gluck
(1714 - 1787)

Copyright, 1894, by G. Schirmer, Inc.
Copyright renewal assigned, 1926, to G. Schirmer, Inc.

p
L'au - ra che tu re - spi - - ri,
At length the air thou breath - - est
al - fin re - spi - - ro,
my soul in - spir - - eth,
f
p
al - fin re - spi - - -
my soul in - spir - - -
f
p

ro. O - vun - - que il guar - - do io
eth. Wher - e'er mine eye may

fp

gi - - ro, Le tue va - ghe sem - bian - ze A -
wan - - der, Still of thee some vague sem - blance Doth

mo - re in me di - pin - ge: Il mio pen - sier si fin - ge
Love a - wake with - in me, My ev - 'ry thought doth win me

cresc.

cresc.

f

Le più lie - - - - te spe -
To yet fond - - - - er re -

cresc.

f

dim. assai — p

ran - - - ze; E nel de -
mem - - - brance; And in this

dim. — p

si - o che co - sì m'em - pie il pet - to
ar - dor that all my bo - som so fir - eth

p — cresc. — dolce

Cer - co te, chia - mo te, spe -
Thee I seek, Thee I call, Fond -

pp

p — ten. — pp — (a piacere) — p

ro e so - spi - - - ro. Ah!
ly and e'er fond - - - er. Ah!

p col canto — pp

p
O del mio dol - ce ar - dor bra -
O thou be - lov'd, whom long my
p
ma - to og - get - to, bra - ma - to og -
heart de - sir - eth, my heart de -
get - to, L'au - ra che tu re -
sir - eth, At length the air thou
p

spi - - ri, al - fin re -
breath - - est my soul in -

spi - - ro, al -
spir - - eth, my

f

mf

fin, al - fin re - spi - - - ro.
soul, my soul in - spir - - - eth.

p

Che fiero costume

How void of compassion

Arietta

English version by
Dr. Theodore Baker

Giovanni Legrenzi
(1626-1690)

Allegretto con moto

Voice

Piano

mf

Che fie - ro co - stu - me d'a - li - ge - ro nu - me, che a
How void of com-pas-sion Is Cu - pid his fash - ion, Who

leggero e grazioso

mf *sfz* *p*

for - za di pe - ne si fac-cia a - do-rar, si fac-cia a - do-rar, che a
drives me by tor-ment him-self to a-dore, him-self to a-dore, Who

f *p*

sfz *f*

for - za di pe - ne si fac-cia a - do - rar!
drives me by tor-ment him-self to a - dore!

p *mf*

Copyright, 1894, by G. Schirmer, Inc.
Copyright renewal assigned, 1926, to G. Schirmer, Inc.

mf un poco meno *rfz*

E pur nell' ar-do-re il dio tra-di-to-re un
And yet in my ar-dor I fol-low the hard-er The

f *un poco meno* *rfz*

espr. *dol.* *p*

va-go sem-bian-te mi fe'i-do-la-trar, un va-go sem-bian-te mi
vi-sion e-lu-sive he shad-ows be-fore, The vi-sion e-lu-sive he

f *p*

Tempo I°

rit. *sfz* *dim.*

fe'i-do-la-trar. Che fie-ro co-stu-me d'a-li-ge-ro nu-me, che a
shad-ows be-fore. How void of com-pas-sion Is Cu-pid his fash-ion, Who

più f *sfz* *p*

rit. *ten.*

cresc. f mf

for - za di pe - ne si fac-cia a - do-rar, si fac-cia a - do-rar! che a
drives me by tor-ment him-self to a-dore, him-self to a-dore! Who

cresc. sfz f

Ped. * Ped. * Ped. * Ped. * Ped. *

f

for - za di pe - ne si fac-cia a - do-rar!
drives me by tor-ment him-self to a-dore!

p f p

Ped. * Ped. * Ped. *

mf sfz

Che cru-do de-sti - no che un cie - co bam-bi - no con
O Des-ti - ny sense-less! A boy so de-fence-less, Scarce

tr

cresc. f mf p

Ped. * Ped. * Ped. *

cresc. *f* *p*

boc - ca di lat - te si fac-cia sti-mar, si fac-cia sti - mar, con
wean'd, yet can make us his fa - vor im-plore, his fa - vor im - plore, Scarce

cresc. *f*

Ped. * Ped. * Ped. *

boc - ca di lat - te si fac-cia sti - mar!
wean'd, yet can make us his fa-vor im - plore!

p *mf* *cresc.*

Ped. *

mf un poco meno *rfz*

Ma que-sto ti - ran-no con bar-ba-ro in-gan-no, en -
A ty-ran-nous men-tor, Our eyes he doth en-ter With

f *un poco meno* *rfz*

Ped. * Ped. *

espr. dol. p

tran-do per gli oc-chi, mi fe' so-spi-rar, en-tran-do per gli oc-chi mi
bar-bar-ous wiles till we sigh and give o'er, With bar-bar-ous wiles till we

f p

Ped. * Ped. * Ped. * Ped. *

Tempo I°

rit. sfz dim.

fe' so-spi-rar. Che cru-do de-sti-no che un cie-co bam-bi-no con
sigh and give o'er. O Des-ti-ny senseless! A boy so de-fence-less, Scarce

rit. più f ten. p

Ped. * Ped. * Ped. * Ped. *

f p

boc-ca di lat-te si fac-cia sti-mar, si fac-cia sti-mar! con
wean'd, yet can make us his fa-vor im-plore, his fa-vor im-plore! Scarce

sfz f

Ped. * Ped. * Ped. * Ped. *

f tr

boc-ca di lat-te si fac-cia sti-mar!
wean'd, yet can make us his fa-vor im-plore!

p sfz col canto f p cresc. f tr

Ped. * Ped. * Ped. * Ped. *

Pur dicesti, o bocca bella

Mouth so charmful

Arietta

English version by
Dr. Theodore Baker

Antonio Lotti
(1667-1740)

Allegretto grazioso

Piano

p e leggero

ten. *ten.* *ten.*

ten. *mf* *pp*

Voice

p

Pur di - ce - sti, o boc - ca, boc - ca bel - la, o boc - ca, boc - ca
Mouth so charm - ful, O tell me now, O tell me, O tell me now, O

p sempre

bel - la, ca - ro sì,
tell me, lures me so,

bel - la, quel so - a - ve e ca - ro sì,
tell me Why thy sweet - ness lures me so,

ten.

Copyright, 1894, by G. Schirmer, Inc.

dolce

sì, che fa tut - to il mio pia - cer, il
so, That in thee all bliss is mine, all

ten.

mio pia - cer.
bliss is mine.

rit.

mio pia - cer.
bliss is mine.

p

Pur di - ce - sti, o
Mouth so charm - ful, O

a tempo

rit.

ben cantando

cresc.

con grazia
pp rit.

boc - ca, boc - ca bel - la, o boc - ca, boc - ca bel - la, quel so - a - ve e
tell me now, O tell me, O tell me now, O tell me Why thy sweet - ness

f

cresc.

pp col canto

f

ten.

ten.

f *pp* *con grazia* *portando*

ca - ro sì, sì, quel so - a - ve e ca - ro sì,
lures me so, so, why thy sweet - ness lures me so,

ten. *f* *pp* *ten.* *ten.* *ten.*

mf

che fa tut - to il mio pia - cer, il mi - o pia - cer,
That in thee all bliss is mine, all bliss is mine,

mf *dim.* *p*

quel so - a - ve e ca ro
Why thy sweet - ness lures me

p

il mio pia - cer, quel so - a - ve e ca - ro
all bliss is mine; Why thy sweet - ness lures me

ten. *ten.* *ten.*

sì, sì,
so, so,

cer,
mine,

cresc. *f smorz.* *dim.*

sì, sì, che fa tut - to il mio pia - cer, il mi - o pia -
so, so, That in thee all bliss is mine, all bliss is

cresc. *mf* *dim.*

il mio pia - cer.
all bliss is mine.

p *tr*

cer, il mio pia - cer.
mine, all bliss is mine.

p

ben cantando

Fine

mf *f*

Per o - nor di sua fa - cel - la con un ba - cio A - mor t'a -
E'en thy charms to vow com - pel me Cu - pid ope'd thee with a

p sempre *f*

prì,— mor t'a - prì,—
kiss, with a— kiss,—

pp *mf*

prì, con— un— ba - cio A - mor t'a - prì, dol - ce— fon - te—
kiss, Cu - pid— ope'd thee with a kiss, Thou sweet fount of—

pp *mf*

rit. *a tempo* *pp* *riten.*

del go - der, ah!— ah!— ah!—
joy di - vine, ah!— ah!— ah!—

a tempo

col canto *pp* *riten.*

— sì,— del go - der.
— fount of joy di - vine.

f *rall.*

— sì,— del go - der.
— fount of joy di - vine.

Tempo I°

f *rall.* *p*

ben cantando

D. S. al Fine

Il mio bel foco

My joyful ardor

Recitativo ed Aria

English version by
Dr. Theodore Baker

Benedetto Marcello
(1686-1739)

Recitativo

mf

Voice

Il mio bel fo - co, o lon - ta - no o vi -
My joy - ful ar - dor, wheth-er near or far

a piacere

Piano

mf

ci - no ch'es-ser pos-s'i - o, sen - za can-giar mai tem - pre per
dis - tant from thee I tar - ry, Un - chang'd and con-stant ev - er, For

p rit.

voi, ca - re pu - pil - le, ar - de - rà sem - - pre.
thee, O my be - lov - ed, Shall lan-guish nev - - er.

f

p rit.

Ped. *

Copyright, 1894, by G. Schirmer, Inc.
Copyright renewal assigned, 1926, to G. Schirmer, Inc.

Allegretto affettuoso

mf

Quel - la fiam - ma che m'ac - cen - de,
In my heart the flames that burn me,

p *mf*

mf

quel - la fiam - ma che m'ac -
in my heart the flames that

cresc. *p*

cen - de pia - ce tan - to al - l'al - ma mi - a, pia - ce tan - to al - l'al - ma
burn me All my soul do so en - rav - ish, all my soul do so en -

più f *sf* *sf*

mi - a, che giam-mai s'e - stin - gue - rà, s'e - stin - gue - rà, s'e - stin - gue -
rav - ish, That they ne'er shall cease to glow, shall cease to glow, shall cease to

f *rit. portando*

sf *p* *rit.*

p dolcemente legato e cresc. *sf*

rà, pia-ce tan-to al-l'al - ma mi-a che giam - mai s'e-stin-gue-
glow, All my soul do so en - rav-ish, That they ne'er shall cease to

p

p *cresc. sempre*

rà, s'e-stin - gue-rà, che giam-mai s'è - stin - - gue -
glow, shall cease to glow, that they ne'er shall cease to

p *cresc. sempre*

f *p rit.* *a tempo*

rà, s'e-stin-gue-rà, s'e-stin-gue-rà.
glow, shall cease to glow, shall cease to glow.

f *p col canto* *a tempo* *cresc.*

p legato con grazia

E se il fa-to a voi mi
And should fate to ye re-

f *p dim. smorz.* *p*

ren - de, va - ghi rai del mio bel so - le, al - tra lu - ce el - la non
turn me, Wan - d'ring rays of my fair sun,_ Oth - er light I cov - et

p *p* *sf*

vuo - le nè vo - ler giam-mai po - trà, nè vo -
none,_____ Nor the wish can ev - er know, nor the

cresc. poco a poco

p *cresc. poco a poco*

ler_ giam-mai po - trà, nè vo - ler, nè vo - ler giam -
wish can ev - er know, nor the wish, nor the wish can_

cresc. poco a poco

f *rit.*

mai po - trà, giam-mai po - trà,_____ nè_ vo - ler giam-mai po-
ev - er_ know, can ev - er know,_____ nor_ the_ wish can ev - er

sf *f* *p* *col canto* *pp*

trà.
know.

a tempo *cresc.*

p

Quel - la fiam - ma che m'ac - cen - de pia - ce tan - to al - l'al - ma
In my heart the flames that burn me All my soul do so en -

p

mi - a, pia - ce tan - to al - l'al - ma mi - a, che giam - mai s'e - stin - gue -
rav - ish, all my soul do so en - rav - ish, That they ne'er shall cease to

rit. *mf*

rà, s'e - stin - gue - rà, s'e - stin - gue - rà, pia - ce tan - to al - l'al - ma
glow, shall cease to glow, shall cease to glow; All my soul do so en -

f rit. *mp*

cresc.

mi - a che giam - mai s'e - stin - gue - rà, s'e - stin - gue - rà, che giam-
rav-ish, That they ne'er shall cease to glow, shall cease to glow, that they

cresc.

f rit. *a tempo*

mai s'e - stin - gue - rà, s'e - stin - gue - rà, s'e - stin - gue -
ne'er shall cease to glow, shall cease to glow, shall cease to

cresc. *col canto f* *a tempo*

p dolce *f*

rà, quel - la fiam - ma giam-mai, giam-mai s'e - stin - gue -
glow, that they ne'er shall cease, that they ne'er shall cease to

rinforz. e rit.

a tempo

rà.
glow.

mf
a tempo

f rit.

Non posso disperar

I do not dare despond

Arietta

English version by
Dr. Theodore Baker

S. De Luca
(15... - 16...)

Andante grazioso
a piacere

Voice

Piano

Non pos-so di-spe - rar,
I do not dare de - spond,

non pos - so di-spe - rar, sei trop - po, trop-po
I do not dare de - spond, For thou art all too

ca - ra, trop - po, trop - po ca - ra, sei trop-po ca-ra al cor; non pos - so di-spe-
dear, thou art all too dear, too dear un-to my heart. I do not dare de-

Copyright, 1894, by G. Schirmer, Inc.
Copyright renewed, 1922, by Theodore Baker

cresc. *più cresc.* *f* *rit.* *pp a tempo*

rar, sei trop - po ca - ra, sei trop - po ca-ra al cor; non pos - so di - spe-
spond, For thou art all too dear, too dear un-to my heart; I do not dare de-

cresc. *più cresc.* *rit.* *pp a tempo*

f deciso e rall. *p*

rar, sei trop - po ca - ra, sei trop-po, trop-po
spond, For thou art all too dear, For thou art all too

f deciso e rall. *p*

ca - - ra, ca-ra al cor: Sei trop-po, trop-po
dear un-to my heart; For thou art all too

p

assai rit.

ca - - ra, ca-ra al cor.
dear un-to my heart.

assai rit. *ff e deciso* *assai rall. e ff*

p dolce e legato assai

Il so - lo spe - ra - re, il so - lo spe - ra - re d'a-
'Tis on-ly hope so fond, — 'Tis on-ly hope so fond, — The

p

p legatissimo

ver a gio-i - re m'è un dol - ce lan-gui - re, m'è un ca - ro do-lor, m'è un ca -
bliss-es of wait-ing, That soothe while cre-at - ing The pain they im-part, the pain, —

p

- - ro, — m'è un ca - - ro do-lor, il so - lo spe - ra - re d'a-
— the pain — they im-part. 'Tis on-ly hope so fond, — The

p

cresc. *mf*

ver — a gio - i - re, m'è un dol - ce lan-gui - re, m'è un ca - ro do-lor, ah,
bliss-es of wait-ing, That soothe while cre-at - ing The pain they im-part, ah,

cresc. *mf* *cresc.*

f *pp* *rit.* *p a piacere*

sì! m'è un dol - ce lan - gui - re, m'è un ca - ro do - lor. Non pos-so di - spe-
yes! That soothe while cre - at - ing The pain they im - part. I do not dare de -

f *pp* *rit.*

rar,
spond,

p

p

non pos-so di - spe - rar, sei trop - po, trop - po ca - ra, trop - po, trop - po
I do not dare de - spond, For thou art all too dear, thou art all too

p

ca - ra, sei trop - po ca - ra al cor; non pos - so di - spe - rar, sei trop - po ca -
dear, too dear un - to my heart; I do not dare de - spond, For thou art all too

cresc.

p *cresc.*

più cresc. *f* *rit.* *pp a tempo* *f deciso e rall.*

ra, sei trop - po ca-ra al cor; non pos - so di - spe - rar, sei trop - po ca - -
dear, too dear un - to my heart; I do not dare de-spond, For thou art all too

più cresc. *rit.* *pp a tempo* *f deciso e rall.*

p

ra, sei trop - po, trop - po ca - - ra, ca-ra al
dear, For thou art all too dear un - to my

p

assai rit.

cor, Sei trop - po, trop - po ca - - ra, ca - ra al
heart; Thou art too dear, too dear un - to my

p

cor.
heart.

ff e deciso *assai rall. e f*

Lasciatemi morire!

No longer let me languish

Canto from the opera "Ariana"

English version by
Dr. Theodore Baker

Claudio Monteverdi
(1567-1643)

Lento

Voice

Piano

p *dolente*

La - scia - te - mi mo - ri - re! la - scia - te -
No long - er let me lan - guish! no long - er

p *dolente*

p *f*

mi mo - ri - re! E che vo - le - te che mi con -
let me lan - guish! What dost thou fan - cy can stay one

p *mf*

più cresc. *f*

for - te in co - sì du - ra sor - te, in co - sì gran mar - ti - re? La -
mo - ment So de-spair-ful a tor-ment, So un-re - lent - ing an-guish? No

p

pp *rit.*

scia - te - mi mo - ri - re, la - scia - te - mi mo - ri - re!
long - er let me lan-guish! no long - er let me lan - guish!

cresc. assai *pp* *rit.*

Copyright, 1894, by G. Schirmer, Inc.
Copyright renewed, 1922, by Theodore Baker

Nel cor più non mi sento

Why feels my heart so dormant

Arietta

English version by
Dr. Theodore Baker

Giovanni Paisiello
(1740-1816)

Andantino

Piano

dolce

cresc.

Voice

p

Nel cor più non mi sen - to bril - lar la gio - ven-
Why feels my heart so dor - mant, No fire of youth di-

f

p

tù; ca - gion del mio tor - men - to, a -
vine? Thou cause of all my tor - ment, O

Copyright, 1894, by G. Schirmer, Inc.
Copyright renewal assigned, 1926, to G. Schirmer, Inc.

mor, sei col - pa tu. Mi piz - zi-chi, mi stuz-zi-chi, mi
Love, the fault is thine! He teas - es me, he pinch-es me, He

pun - gi-chi, mi mas-ti-chi; che co - sa è que - sto ahi - mè? pie-
squeez-es me, he wrench-es me; What tor - tures I must bear! Have

sf

tà, pie - tà, pie - tà! a - mo - re è un cer - to che, che
done, have done, have done! Thou, Love, art sure - ly one Will

p

risoluto

di - spe - rar mi fa.
drive me to de-spair!

f

Se tu m'ami, se sospiri

If thou lov'st me

Arietta

English version by
Dr. Theodore Baker

Giovanni Battista Pergolesi
(1710-1736)

Voice

Piano

Andantino

p

Se tu_
If thou

mf

p

m'a - mi,_ se tu so - spi - ri Sol per me, gen - til_ pa - stor,
lov'st me,_ and sigh - est ev - er But for me, O gen - tle_ swain,

cresc. *rit.*

cresc. *rit.*

p a tempo

Ho do - lor de' tuoi mar - ti - ri, Ho di - let - to del tuo a - mor, Ma_ se_ pen - si
Sweet I find thy lov - ing fa - vor, Pi - ti - ful I feel thy pain. Should'st thou think tho',

f *rit.*

p a tempo

f *rit.*

Copyright, 1894, by G. Schirmer, Inc.
Copyright renewal assigned, 1926, to G. Schirmer, Inc.

a tempo

che so - let - to Io ti deb - ba ri - a - mar, Pa - sto - rel - lo,
that de - mure - ly I on thee a - lone may smile, Sim - ple shep - herd,

a tempo

pp

sei sog-get-to Fa - cil-men-te a t'in - gan-nar; Pa - sto - rel - lo, sei sog-get-to
thou art sure-ly Prone thy sens - es to be-guile; Sim - ple shep-herd, thou art sure-ly

p

cresc.

p

Fa - cil - men - te a t'in-gan-nar, Fa - cil - men-te a t'in-gan-nar. Bel-la ro - sa
Prone thy sens - es to be-guile, prone thy sens-es to be-guile. As a fair red

cresc.

p

poco cresc.

por - po - ri - na Og - gi Sil - via sce - glie - rà, Con la scu - sa
rose, a lov - er Fain might Syl - via choose to - day, Hap - ly if he

sempre cresc.

del - la spi - na Do-man poi la sprez-ze-rà, Do-man poi la sprez-ze-rà.
thorns dis - cov - er 'Tis to-mor-row thrown a - way, 'Tis to-mor-row thrown a - way.

sempre cresc.

cresc. un poco

Ma de-gli u-omi-ni il con-si-glio Io per me non se-gui-rò. Non per-chè mi
All men say of maid - en-fol - ly Finds no fa-vor in mine eyes, Nor be-cause I

cresc. un poco

rit.

pia-ce il gi-glio Gli al-tri fio-ri sprez-ze - rò.
love the lil - y Shall I oth-er flow'rs de-spise.

a tempo

rit.

p

p

cresc.

Se tu m'a - mi, se tu so - spi-ri Sol per
If thou lov'st me, and sigh - est ev - er But for

p

cresc.

rit. *p a tempo*

me, gen-til pa-stor, Ho do-lor de' tuoi mar-ti-ri, Ho di-let-to
me, O gen-tle swain, Sweet I find thy lov-ing fa-vor, Pi-ti-ful I

rit. *p a tempo*

f *rit.*

del tuo a-mor, Ma se pen-si che so-let-to Io ti deb-ba ri-a-mar,
feel thy pain. Should'st thou think tho', that de-mure-ly I on thee a-lone may smile,

f *rit.*

a tempo *pp*

Pa-sto-rel-lo, sei sog-get-to Fa-cil-men-te a t'in-gan-nar, Pa-sto-rel-lo,
Sim-ple shep-herd, thou art sure-ly Prone thy sens-es to be-guile; Sim-ple shep-herd,

a tempo *p*

cresc. *rit. assai*

sei sog-get-to Fa-cil-men-te a t'in-gan-nar, Fa-cil-men-te a t'in-gan-nar.
thou art sure-ly Prone thy sens-es to be-guile, prone thy sens-es to be-guile.

rit. assai

cresc.

Nina

Canzonetta

English version by
Dr. Theodore Baker

Attributed to
Giovanni Battista Pergolesi*
(1710-1736)

Andantino

Voice

Piano

Tre gior - ni son che Ni - na, che Ni - na, che
For three long days my Ni - na, my Ni - na, my

Ni - na in let - to se ne sta, in let - to se ne
Ni - na up - on her bed has lain, up - on her bed has

sta. Pif - fe - ri, tim - pa - ni, cem - ba - li, sve - glia - te mia Ni-
lain. Loud - er and loud - er, ye play - ers all! A - wak - en my Ni-

*Although this song was long attributed to Pergolesi, it was composed by Legrenzio Vincenzo Ciampi (1719 - ?)

Copyright, 1904, by G. Schirmer, Inc.
Copyright renewed, 1932, by Dr. Theodore Baker
Copyright renewal assigned, 1933, to G. Schirmer, Inc.

net - ta, sve - glia - te mia Ni - net - ta, ac - ciò non dor - ma
net - ta, a - wak - en my Ni - net - ta, that she may sleep no

più, ac - ciò non dor - ma più, sve-glia-te mia Ni - net - ta, sve-
more, that she may sleep no more, A - wak-en my Ni - net - ta, a-

glia - te mia Ni - net - ta, ac - ciò non dor - ma più.
wak - en my Ni - net - ta that she may sleep no more.

pp

1.

2.

f

pp

a piacere

più, ac - ciò non dor - - ma più.
more, that she may sleep no more.

f

dim.

pp colla parte

Già il sole dal Gange

O'er Ganges now launches

Canzonetta

English version by
Dr. Theodore Baker

Alessandro Scarlatti
(1659-1725)

Allegro giusto

Voice

Piano

mf

mf *brillante*

Già il so - le dal Gan - ge, già il
O'er Gan - ges now launch - es, o'er

tr

leggero

so - le dal Gan - ge più chia - ro, più chia - ro sfa - vil - la, più
Gan - ges now launch - es The sun - god, the sun - god his splen - dor, the

Copyright, 1894, by G. Schirmer, Inc.
Copyright renewed, 1922, by Theodore Baker

poco rit.

chia - ro sfa - vil - la più chia - ro, più chia - ro sfa - vil - -
sun - god his splen - dor, the sun - god, the sun - god, his splen - -

poco rit.

a tempo

la, e ter - ge o - gni stil - la del - l'al - ba che pian - ge,
dor, With touch warm and ten - der Morn's tear - drops he staunch - es,

a tempo

cresc. poco a poco e legatiss.

del - l'al - ba che pian - ge, del - l'al - ba che pian - ge, del -
With touch warm and ten - der Morn's tear - drops he staunch - es, Morn's

pp *cresc. poco a poco e legatiss.*

f rit. *a tempo* *mp brillante*

l'al - ba che pian - ge. Già il so - le dal
tear - drops he staunch - es. O'er Gan - ges now

f rit. *a tempo* *mf* *mp leggero*

Gan - ge già il so - le dal Gan - ge più chia - ro, più chia - ro sfa-
launch-es, o'er Gan-ges now launch-es The sun-god, the sun-god his

vil - la, più chia - ro sfa - vil - la, più chia - ro, più chia - ro sfa - vil - -
splen-dor, the sun-god his splen - dor, the sun-god, the sun-god his splen - -

rit.

tr

la.
dor.

f a tempo

tr

mf *brillante*

Col rag - gio_ do - ra - to, col rag- gio do - ra - to in -
His rays gold- en_ beam-ing, his rays gold - en beam-ing De -

gem-ma, in - gem-ma o - gni ste - lo, in - gem-ma o - gni ste - lo, in-
throne, de-throne night - ly shad-ows, de-throne night - ly shad - ows, de-

poco rit. *a tempo*

ge - ma, in - gem-ma o - gni ste - lo, e gli as-tri del
throne, de-throne night-ly shad - ows, While gem-ming the

poco rit. *a tempo*

pp *cresc. poco a*

cie - lo di - pin - ge nel pra - to: di - pin - ge nel
mead-ows With stars bright - ly gleam-ing; While gem-ming the

pp *cresc. poco a*

poco *f rit.*

pra - to, di - pin - ge nel pra - to, di - pin - ge nel pra - -
mead-ows, while gem-ming the mead-ows with stars bright - ly gleam - -

poco *f rit.*

a tempo

to. Col rag- gio do - ra - to, col rag-gio do-
ing. His rays gold- en beam-ing, his rays gold - en

a tempo *mf*

ra - to, in - gem - ma, in - gem-ma o - gni ste - lo, in - gem-ma o - gni
beam - ing De - throne, de - throne night - ly shad- ows, While gem- ming, while

poco rit. *tr*

ste - lo, in - gem - ma, in - gem-ma o - gni ste - - lo.
gem - ming the mead-ows With stars bright - ly gleam - ing.

poco rit. *f* *a tempo*

brillante *tr* *rit.* *a tempo*

Le Violette

The Violets

Canzone

Alessandro Scarlatti
(1659-1725)

Allegretto

Voice

Piano

f

Ru-gia-do-se, o-do-ro-se, vi-o-let-te gra-zi-
Low-ly vio-let, si-lent blow-ing, Dew-y fra-grance sweet be-

p

o-se, Ru-gia-do-se, o-do-ro-se, vi-o-let-te gra-zi-
stow-ing, Low-ly vio-let, si-lent blow-ing, Dew-y fra-grance sweet be-

mf

p

o - se, vi - o - let - te gra - zi - o - se, Voi vi sta - te ver - go -
stow - ing, dew - y fra-grance sweet be - stow - ing: Mod - est - ly thy charms half

gno-se, mez-zo a- sco - se, mez-zo a- sco - se fra le
hid-ing 'Neath the leaf-lets, 'neath the leaf-lets green re -

f *p* *f* *p*

fo-glie, e sgri-da - te le mie vo-glie, che son trop-po am-bi- zi-
cess-es, Thy ex-am-ple calms and bless-es, My am - bi - tion gen-tly

mf *p* *mf* *p*

o - se, e sgri-da - te le mie vo-glie,
chid-ing, Thy ex-am-ple calms and bless-es,

mf *p* *f* *p* *f*

che son trop - po, son trop-po am-bi-zi-o - se. Ru-gia-
My am-bi - tion gen - tly chid - ing. Bear this

p

do-se, o-do-ro-se, vi-o-let-te, vi-o-let-te gra-zi-o-se,
mes-sage, ten-der flow-er, To my fair one, to my fair one in her bow-er;

p *mf*

Ru-gia-do-se, o-do-ro-se, vi-o-let-te, vi-o-let-te gra-zi-o -
Bear this mes-sage, tender flow-er, bear this mes-sage To my fair one in her bow -

p *mf* *p*

rit. *a tempo*

se, vi-o-let-te gra-zi-o - se, Voi vi sta-te ver-go-
er, to my fair one in her bow - er; Say, like thee I'd come un-

rit. *f* *a tempo* *tr* *p*

mez-zo a-sco-se fra le fo - - - - - - -
As thy fra-grance I would woo

gno-se, mez-zo a-sco-se, mez-zo a-sco-se fra le
to her, As thy fra-grance, as thy fra-grance I would

mf *p*

- glie,
— her,

fo-glie, e sgri-da-te le mie vo-glie, che son trop-po am-bi-zi-
woo her, As thy beau-ty o'er her steal-ing, From my fond heart love re-

o - se, e sgri-da-te le mie
veal-ing, As thy beau-ty o'er her

mf *p*

vo-glie, che son trop - po, son trop-po am-bi-zi-o - se.
steal-ing, From my fond heart, my fond heart love re-veal - ing.

mf

Ru-gia - do - se, o - do - ro - se, vi - o - let - te, vi - o -
Bear this mes-sage, ten-der flow-er, To my fair one, to my

p

o - do - ro - se, vi - o -
ten-der flow - er, To my

let - te gra-zi - o - se, Ru - gia - do - se, o - do - ro - se, vi - o -
fair one in her bow-er, Bear this mes-sage, ten-der flow-er, To my

mf *p*

let - te, vi - o - let - te gra-zi - o - se, vi - o - let - te, vi - o -
fair one, to my fair one in her bow - er, Bear this mes-sage, ten-der

riten. *riten.*

o - - - -
flow - - -

let - te gra - zi - o - - - se!
flow - er, ten - der flow - - er!

colla voce *f* *a tempo* *rit.*

O cessate di piagarmi

O no longer seek to pain me

Arietta

English version by
Dr. Theodore Baker

Alessandro Scarlatti
(1659-1725)

Andante con moto

Voice

Piano

agitato

p sempre legato

p

O ces - sa - te di pia - gar - mi,
O no long - er seek to pain me,

o la - scia - te - mi mo - rir, o la - scia - te - mi mo - rir,
Or give o'er and let me die, Or give o'er and let me die,

p

cresc. rinf. string. poco

Lu - c'in - gra - te, di - spie - ta - te, lu - c'in - gra - te,
Eyes so fate - ful, so un - grate - ful, eyes so fate - ful,

cresc. rinf. string. poco

Copyright, 1894, by G. Schirmer, Inc.
Copyright renewal assigned, 1926, to G. Schirmer, Inc.

a poco

di - spie - ta - te, più del ge - lo e più del mar - mi
so un - grate - ful; Ice nor stone could so dis-dain me,

a poco *dim.*

p *smorz.* *pp*

fred - de e sor - de a' miei mar - tir, fred - de e sor - de a'
Nor so cold - ly hear my cry, nor so cold - ly

p *pp*

rit. - - - - *mf dolente ed appassionato*

miei mar-tir. O ces - sa - te di pia - gar - mi,
hear my cry. O no long - er seek to pain me,

rit. - - - - *mf*

con dolore e rit. assai

o la-scia - te - mi mo-rir, o la-scia - te - mi mo-rir.
Or give o'er, and let me die, Or give o'er, and let me die.

p *rit. assai*

La seconda volta molto ritenuto

Se Florindo è fedele

Should Florindo be faithful

Arietta

English version by
Dr. Theodore Baker

Alessandro Scarlatti
(1659-1725)

Allegretto grazioso, moderato assai

Piano

Voice

Se Flo - - rin - do è fe - de - le io m'in - na - mo - re - - rò,
Should Flo - - rin - do be faith - ful Sure - ly I'll fall in love;

se Flo - - rin - do è fe - de - le io m'in - na -
Should Flo - - rin - do be faith - ful Sure - ly I'll

Copyright, 1894, by G. Schirmer, Inc.
Copyright renewal assigned, 1926, to G. Schirmer, Inc.

f

mo - re - - rò, s'è fe - de - le Flo - rin - do m'in -
fall in love, Should Flo - rin - do be faith - ful I'll

cresc. *f*

dolce

na - mo - re - rò, io m'in - na - mo - re - rò, s'è fe -
sure-ly fall in love, I'll sure - ly fall in love, If Flo -

p *p*

f *p*

de - le Flo - rin - do m'in - na - mo - re - rò,
rin - do be faith - ful I'll sure-ly fall in love,

f *p* *p*

rall.

m'in-na-mo-re - rò; m'in-na-mo-re - rò,
I shall fall in love, I shall fall in love,

col canto *imitando la voce*

f a tempo *p dolce*

io m'in - na - mo - re - rò.
I'll sure-ly, sure-ly fall in love.

f a tempo *p* *p*

p

Po - trà ben l'ar-co ten - de - re il fa - re -
How art - ful e'er he draw the bow, Well - vers'd in

fp

tra-to ar - cier, ch'io mi sa-prò di - fen - de - re d'un
arch-ers' wiles, My heart I can de - fend, I know, From

fp *sf*

f *p* *pp*

guar - do lu - sin - ghier. Pre - ghi,
an - y lur - ing smiles. Sigh-ing,

cresc. *p*

pian- ti e que- re - le, io non a- scol - te - rò,
weep-ing, and im- plor- ing, My breast can nev - er move;

pp *p*

con grazioso

ma se sa - rà fe - de - le, ma se sa - rà fe - de - le io
But if he should be faith - ful, but if he should be faith - ful I'll

p *dolce*

m'in - na - mo - re - rò, io m'in - na - mo - re -
sure - ly fall in love, I'll sure - ly fall in

rall.

rò, m'in - na - mo - re - rò, m'in - na - mo - re -
love, I shall fall in love, I shall fall in

p *col canto* *imitando il canto*

a tempo *p*

rò, io m'in - na - mo - re - rò, se Flo - -
love, I'll sure-ly, sure-ly fall in love; Should Flo - -

a tempo *p*

rin - do è fe - de - le io m'in - na - mo - re - - rò,
rin - do be faith-ful I'll sure - ly fall in love;

se Flo - - rin - do è fe - de - le
Should Flo - - rin - do be faith - ful

p

io m'in - na - mo - re - - rò, s'è fe - de - le Flo -
I'll sure - ly fall in love; Should Flo - rin - do be

cresc.

cresc.

f *p*

rin - do m'in - na - mo - re - rò, io m'in - na - mo - re -
faith - ful I'll sure-ly fall in love, I'll sure - ly fall in

f *p*

rò, s'è fe - de - le Flo rin - do m'in - na - mo - re -
love; Should Flo - rin - do be faith - ful I'll sure-ly fall in

f *p*

f

rall.

rò, m'in-na - mo-re - rò, m'in-na-mo-re -
love, I shall fall in love, I shall fall in

p *col canto* *imitando la voce*

f *p rit. assai*

rò, io m'in - na - mo - re - rò.
love, I'll sure-ly, sure-ly fall in love.

f *p rit. assai*

Pietà, Signore!

O Lord, have mercy

English version by
H. Millard

Alessandro Stradella
(1645?-1682?)

Copyright, 1914, by G. Schirmer, Inc.

pp *mf* *cresc.*

Non mi pu - ni - sca il tu - o ri - gor, Me - no se - ve - ri,
Let not Thy hand with rig - or fall, Be wrath-ful nev - er,

pp

f *p*

cle - men-ti o - gno - ra, Vol - gi i tuo - i sguar-di so - pra di me,
for - giv - ing ev - er, Shed Thy light up - on me, Lord, heed my call,

p

p *cresc.*

so - pra di me. Non fi - a ma - i che nel - l'in - fer - no
O heed my call! May I ne'er mer - it, That in per - di - tion

p *cresc.*

dim. *rit.* *tr* *a tempo*

Si - a dan - na - to nel fuo-co e - ter - no Dal tu - o ri - gor.
My soul may lan - guish, But may con - tri - tion, And Thy grace heal all.

a tempo

dim. *rit.*

p *cresc. molto*

Gran Di - o, giam - ma - i si - a dan -
Je - ho - vah, O nev - er may I be

p *cresc.* *cresc. molto*

f *dim.* *f*

na - to nel fuo - co e - ter - no Dal tu - o ri - gor, dal tuo ri -
tor - tured by fires e - ter - nal, for Ad - am's first fall, for Ad - am's

f *dim.* *f*

gor.
fall.

p

Pie - tà, Si - gno - re,
O Lord, have mer - cy,

tr *p*

tr *tr*

Si - gnor, pie - tà di me do - len - te,
Lord, hear my pray'r. I call up - on Thee,

se a te giun-ge il mio pre - ga - re, il mio pre - gar,
Grant me Thy bless-ing, show me Thy fa - vor, hear Thou my pray'r,

p *cresc.*
Me-no se - ve - ri, cle-men-ti o - gno - ra, vol - gi i sguar-di,
Be wrath-ful nev - er, For-giv-ing ev - er, Shed Thy light on me,

p *cresc.*

p
deh vol - gi i sguar - di su me, Si - gnor, su me, Si - gnor.
shed Thy light on me, and heed my call, heed Thou my call.

p

Pie - tà, Si - gno - re,
O Lord, have mer - cy,

p

cresc.

di me do - len - te! Si-gnor, pie - tà, se a te giun - ge il
my soul is heav - y, Lord, hear my call, Grant me Thy bless - ing,

p cresc.

dim. pp

mi - o pre - gar, Non mi pu - ni - sca il tu - o ri - gor,
hear my pray'r, Let not Thy hand with rig - or fall,

dim. pp

mf f p

Me - no se - ve - ri, cle-men-ti o - gno - ra Vol - gi i tuo - i sguar-di so-pra di
Be wrath-ful nev - er, For-giv - ing ev - er, Shed Thy light up - on me, and hear my

cresc. p

p

me, so - pra di me; Non fi - a ma - i che nel - l'in-
call, Lord, heed my call, May I ne'er mer - it That in per-

p cresc.

cresc. *dim.*

fer - no Si - a dan - na - to nel fuo - co e - ter - no Dal
di - tion My soul may lan - guish, But may con - tri - tion And

cresc. *dim.*

tr *p*

tu - o ri - gor, Gran Di - o! Giam -
Thy grace heal all. Je - ho - vah, O

p *cresc.*

cresc. *rall.*

ma - i si - a dan - na - to nel fuo - co e - ter - no dal
nev - er may I be tor - tured by fires e - ter - nal, for

cresc. *rall.*

tr

tu - o ri - gor, dal tuo ri - gor.
Ad - am's first fall; may grace heal all.

dim. *p* *tr*

Tu lo sai
Ask thy heart

English version by
Everett Helm

Giuseppe Torelli
(1650-1703)

Andantino

Voice

Piano*

Tu lo sai Quan-to t'a - mai, Tu lo sai, lo sai cru - del! Io non bra - mo al - tra mer - cè Ma ri - cor - da - ti di me,

Ask thy heart How I a - dore thee, Ask thy heart, O cru - el and fair! Oth - er plea - sure I do not crave Than thou think - est once on me,

*The following introduction may be used if desired:

Copyright, 1948, by G. Schirmer, Inc.
International Copyright Secured

p

E poi sprez - za un in - fe - del, e poi
Then for - get - test me and all my pain, then for -

in - fe - del.
all my pain.

pp

sprez - za un in - fe - del. Tu lo sai
get - test me and all my pain. Ask thy heart

ppp

Ped. *

poco cresc.

Quan-to t'a - mai, Tu lo sai lo sai, cru - del,
How I a - dore thee, Ask thy heart, O cru - el and fair!

poco cresc.

pp

Ped. Ped. Ped. *

p *rit.*

Tu lo sai, Quan-to t'a - mai, Tu lo sai,
Ask thy heart, How that I love thee, Ask thy heart,

rit.

mf *a tempo dolciss.* *espr.* *molto rit.*

lo sai cru-del, Tu lo sai, Quan - to t'a-ma - i.
cru - el and fair! Ask thy heart, How that I love thee,

p *pp* *a tempo* *molto rit.*

sai, heart, *adagio*

Tu lo sai, lo sai cru-del!
Ask thy heart, o cru - el and fair.

p adagio *tranquillo* *calando*

Ped. *